Arwyr ANCORA
CASGLU'R TRYSOR

Y GIST DRYSOR

Mae'r llyfryn hwn yn perthyn i

_____

sy'n un o Arwyr

_____

Tynna lun bathodyn dy Gwmni yma

Argraffiad gwreiddiol
*Guardians of Ancora Treasure
  Seekers: Treasure Chest*
© Scripture Union 2016

Scripture Union
Trinity House, Opal Court, Opal Drive
Fox Milne, Milton Keynes, MK15 0DF
Ebost: info@scriptureunion.org.uk
Gwefan: www.scriptureunion.org.uk

Argraffiad Cymraeg
© Cyhoeddiadau'r Gair 2017

Addasiad Cymraeg: Siân Roberts
Golygydd Cyffredinol: Aled Davies
Cysodi: Rhys Llwyd

Cedwir pob hawl.

Mae Alex Taylor wedi datgan ei hawl i gael ei gydnabod yn awdur y gwaith hwn yn unol â Deddf Hawliau, Dyluniadau a Phatentau 1988.

Daw'r dyfyniadau Beiblaidd o beibl.net gyda chaniatâd Gobaith i Gymru.

Argraffwyd yn y Deyrnas Gyfunol

Y clawr a'r gwaith dylunio mewnol:
kwgraphicdesign

Cyhoeddwyd gan:
Cyhoeddiadau Gair
Ael y Bryn, Chwilog
Pwllheli, Gwynedd, LL53 6SH

www.ysgolsul.com

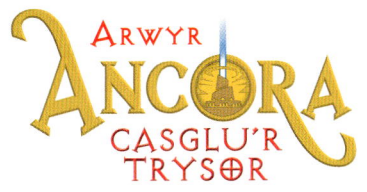

CROESO I DY GIST DRYSOR

Ar y tudalennau hyn, byddi'n nodi'r pethau coll rwyt ti'n dod o hyd iddyn nhw ac yn dysgu mwy am y storïau y maen nhw'n eu datgelu. Byddi'n gweld sut y mae pob stori'n dod at ei gilydd i ddatgelu mwy am Iesu. Mae'n stori ryfeddol – y trysor gorau a mwyaf gwerthfawr yn y byd i gyd. Mae'n stori sy'n dal i ddigwydd heddiw – a galli di chwarae rhan yn y stori, nid dim ond yn ystod dyddiau'r clwb ond am byth. **Mae'r trysor ar gael i ti!**

Mae'r Beibl wedi'i rannu'n ddwy ran (yr Hen Destament a'r Testament Newydd). Mae'r ddau destament wedi'u rhannu'n llawer o lyfrau (mae 39 o lyfrau yn yr Hen Destament a 27 o lyfrau yn y Testament Newydd). Mae'r llyfrau wedi'u rhannu'n benodau (mae 150 o benodau yn y llyfr mwyaf, y Salmau!) ac mae'r penodau wedi'u rhannu'n adnodau (Salm 119 yw'r bennod hiraf ac mae'n cynnwys 176 o adnodau!) Weithiau, mae pobl yn ysgrifennu enwau adnodau'r Beibl fel hyn: **IOAN 3:16**. Dyma sut mae gwybod pa adnod i'w darllen:

Mae **IOAN** yn golygu bod angen i ni chwilio am **lyfr Ioan yn y Beibl**. Os nad wyt ti'n siŵr lle mae hwn, chwilia am y dudalen gynnwys ger dechrau'r Beibl.

Mae **3** yn golygu bod angen chwilio am y rhif mawr 3; mae hyn yn golygu **pennod 3**.

IOAN 3 : 16

Mae **16** yn golygu bod angen chwilio am y rhif bach 16; mae hyn yn golygu **adnod 16**.

RYDW I'N ARWR ANC⊕RA

Y peth gwych am fod yn un o ARWYR ANC⊕RA yw bod pawb yn wahanol! Mae gan bob Arwr sgiliau a diddordebau arbennig. Beth yw dy rai di?

Cei di eu hysgrifennu neu dynnu llun ohonyn nhw yma!

Rwy'n hoffi…

Fy sgiliau arbennig yw…

LLUN ⊕ ARWR

Tynna lun ohonot ti fel Arwr. Neu gwisga ddillad Arwr a gofyn i rywun arall dynnu dy lun – a'i lynu yma!

CYNLLUN DUW I ACHUB POBL!

Pan greodd Duw y byd, roedd popeth yn berffaith! Gwnaeth dir a môr, gwnaeth blanhigion ac anifeiliaid, gwnaeth bobl oedd yn edrych yn debyg iddo ef. Gwnaeth bobl i fod yn ffrindiau iddo.

Ond penderfynodd y bobl nad oedden nhw eisiau bod yn ffrindiau â Duw. Penderfynon nhw eu bod am wneud beth bynnag roedden nhw eisiau ei wneud – bod yn gas i'w gilydd, brifo'i gilydd a throi eu cefn ar Dduw. Ond roedd Duw yn dal yn eu caru. Roedd Duw yn gofalu am y bobl, er eu bod nhw'n ei anwybyddu ef. Anfonodd Duw negeswyr i ddweud wrth y bobl ei fod yn eu caru. Ond roedd llawer ohonyn nhw yn dal i'w anwybyddu.

Addawodd i'w bobl y byddai'n anfon Achubwr neu Waredwr arbennig, rhywun i f

od yn Frenin am byth ac a fyddai'n gwneud Duw a phobl yn ffrindiau eto. Dywedodd un o'r negeswyr, Eseia, wrth y bobl:

'Mae plentyn wedi cael ei eni i ni,

mab wedi cael ei roi i ni. Bydd e'n cael y cyfrifoldeb o lywodraethu.

A bydd yn cael ei alw yn Strategydd rhyfeddol, y Duw arwrol, Tad yr oesoedd, Tywysog heddwch.

Fydd ei lywodraeth ddim yn stopio tyfu, a bydd yn dod â llwyddiant di-ben-draw i orsedd Dafydd a'i deyrnas.

Bydd yn ei sefydlu a'i chryfhau a theyrnasu'n gyfiawn ac yn deg o hyn allan ac am byth.

Mae'r ARGLWYDD hollbwerus yn benderfynol o wneud hyn i gyd.'

(Eseia 9:6,7)

Roedd y bobl yn disgwyl am yr Achubwr arbennig hwn. Roedden nhw'n disgwyl am eu Brenin am-byth…

CWEST 1
EDRYCH YMLAEN!

Dychmyga ei bod bron yn amser y Nadolig. Beth wyt ti'n edrych ymlaen ato? Yr anrhegion? Y bwyd? Gwyliau o'r ysgol?

Ysgrifenna neu tynna lun beth rwyt ti'n edrych ymlaen ato amser y Nadolig!

Dwi wrth fy modd â'r Nadolig. Dwi bob amser yn cael twrci a phwdin Nadolig – ar un plât!

CWEST 1
SYRPREIS MAWR! (RHAN 1)

Yn nhref fach Nasareth, mae rhywun ar fin cael syrpreis mawr… **Darllena Luc 1:26–38!**

²⁶ … anfonodd Duw yr angel Gabriel i Nasareth, un o drefi Galilea, ²⁷ at ferch ifanc o'r enw Mair. Roedd Mair yn wyryf (heb erioed gael rhyw), ac wedi'i haddo'n wraig i ddyn o'r enw Joseff. Roedd e'n perthyn i deulu y Brenin Dafydd. ²⁸ Dyma'r angel yn mynd ati a'i chyfarch, "Mair, mae Duw wedi dangos ffafr atat ti! Mae'r Arglwydd gyda ti!"

²⁹ Ond gwnaeth yr angel i Mair deimlo'n ddryslyd iawn. Doedd hi ddim yn deall o gwbl beth roedd yn ei feddwl. ³⁰ Felly dyma'r angel yn dweud wrthi, "Paid bod ofn, Mair. Mae Duw wedi dewis dy fendithio di'n fawr. ³¹ Rwyt ti'n mynd i fod yn feichiog, a byddi di'n cael mab. Iesu ydy'r enw rwyt i'w roi iddo. ³² Bydd yn ddyn pwysig iawn, a bydd yn cael ei alw'n Fab y Duw Goruchaf. Bydd yr Arglwydd Dduw yn ei osod i eistedd ar orsedd y Brenin Dafydd, ³³ a bydd yn teyrnasu dros bobl Jacob am byth. Fydd ei deyrnasiad byth yn dod i ben!"

³⁴ Ond meddai Mair, "Sut mae'r fath beth yn bosib? Dw i erioed wedi cael rhyw gyda neb."

³⁵ Dyma'r angel yn esbonio iddi, "Bydd yr Ysbryd Glân yn dod arnat ti, a nerth y Duw Goruchaf yn gofalu amdanat ti. Felly bydd y plentyn fydd yn cael ei eni yn berson sanctaidd – bydd yn cael ei alw yn Fab Duw. ³⁶ Meddylia! Mae hyd yn oed Elisabeth, sy'n perthyn i ti, yn mynd i gael babi er ei bod hi mor hen. Roedd pawb yn gwybod ei bod hi'n methu cael plant, ond mae hi chwe mis yn feichiog! ³⁷ Rwyt ti'n gweld, does dim byd sy'n amhosib i Dduw ei wneud."

³⁸ A dyma Mair yn dweud, "Dw i eisiau gwasanaethu'r Arglwydd Dduw. Felly gad i beth rwyt wedi'i ddweud ddod yn wir." Wedyn dyma'r angel yn ei gadael hi.

Sut rwyt ti'n meddwl roedd Mair yn teimlo pan welodd hi'r angel a chlywed beth oedd ganddo i'w ddweud?

Tynna lun wyneb Mair (gyferbyn) **i ddangos sut roedd hi'n teimlo!**

Edrycha eto ar yr adnodau o'r Beibl a thanlinellu popeth a wnaeth i Mair synnu? Fyddet ti wedi cael syndod?

CWEST I
SYRPREIS MAWR! (RHAN II)

Mae rhywun arall yn nhref fach Nasareth ar fin cael syrpreis mawr hefyd… **Darllena Mathew 1:18–25!**

¹⁸ Dyma ddigwyddodd pan gafodd Iesu y Meseia ei eni: Roedd ei fam, Mair, wedi cael ei haddo i fod yn wraig i Joseff. Ond cyn iddyn nhw briodi a chael rhyw, dyma nhw'n darganfod fod yr Ysbryd Glân wedi'i gwneud hi'n feichiog. ¹⁹ Roedd Joseff, oedd yn mynd i'w phriodi, yn ddyn da a charedig. Doedd e ddim eisiau gwneud esiampl ohoni a'i chyhuddo hi'n gyhoeddus, felly roedd yn ystyried yn dawel fach i ganslo'r briodas.

²⁰ Roedd wedi bod yn meddwl am hyn pan gafodd freuddwyd: gwelodd angel Duw yn dod ato a dweud wrtho, "Joseff fab Dafydd, paid petruso mynd â Mair adre i fod yn wraig i ti, am mai'r Ysbryd Glân sydd wedi gwneud iddi feichiogi. ²¹ Bachgen fydd hi'n ei gael. Rwyt i roi'r enw Iesu iddo, am mai fe fydd yn achub ei bobl o'u pechodau."

²² Digwyddodd hyn er mwyn i beth ddwedodd Duw drwy ei broffwyd ddod yn wir: ²³ "Edrychwch! Bydd merch ifanc sy'n wyryf yn feichiog ac yn cael mab. Bydd y plentyn yn cael ei alw yn Emaniwel" (Ystyr Emaniwel ydy "Mae Duw gyda ni.")

²⁴ Pan ddeffrodd Joseff, gwnaeth beth roedd angel Duw wedi'i ddweud wrtho. Priododd Mair, ²⁵ ond chafodd e ddim rhyw hefo hi nes i'w mab gael ei eni. A rhoddodd yr enw Iesu iddo.

Sut rwyt ti'n credu roedd Joseff yn teimlo cyn mynd i'r gwely?

Tynna lun wyneb Joseff i ddangos sut roedd yn teimlo!

Wyt ti wedi cael breuddwyd ryfedd erioed?

CWEST 1
PWY YW IESU?

Cafodd Mair a Joseff syndod o glywed rhai pethau am y babi y byddai Mair yn ei gael.

Ysgrifenna'r holl bethau a ddywedodd yr angel am Iesu yma!

Dywedodd yr angel mai Iesu fyddai Achubwr neu Waredwr arbennig Duw – yr un yr oedd pobl yn disgwyl amdano… (Darllena dudalen 6 i weld rhagor o bethau amdano!)

CWEST 1

FY NHRYSOR I

Beth rwyt ti wedi'i ddysgu nad oeddet ti'n ei wybod o'r blaen?

Ydi'r stori wedi dy atgoffa o rywbeth roeddet ti'n ei wybod o'r blaen?

Pa ran o'r stori fyddet ti'n hoffi meddwl mwy amdani?

Beth yw dy hoff ran di o'r stori?

> *Diolch, Dduw, am Mair a Joseff. Diolch eu bod nhw wedi chwarae rhan yn dy gynllun di!*

CWEST 11
Y DAITH I FETHLEHEM

Alli di helpu Mair a Joseff i ddod o hyd i'r ffordd o Nasareth i Fethlehem, y dref o ble roedd teulu Joseff yn dod?

CROESO I FETHLEHEM

Dw i'n mynd ar goll bron bob dydd!

CYNLLUN RHYFEDDOL DUW!

Darllena dudalen 6 yn dy *Gist Drysor*.

Mae'n sôn am ddechrau cynllun Duw i achub ei bobl.

Ysgrifenna dri gair sy'n dangos sut rwyt ti'n teimlo am y darn hwn.

1

Nawr, edrych eto ar yr holl bethau a ddywedodd yr angel an Iesu yng Nghwest I (ar dudalen 12). Pa ran wyt ti'n meddwl mae Iesu'n ei chwarae yng nghynllun Duw i achub ei bobl?

2

3

Ar dudalennau 20 a 21 mae llinell amser fawr yn dangos cynllun Duw. Mae peth ohoni wedi'i llenwi'n barod. Alli di roi Iesu i mewn yn y llinell amser?

Os nad wyt ti wedi llenwi tudalen 12, beth am wneud hynny nawr?

Beth yw dy farn di am gynllun Duw?

CWEST 11
IESU'N CAEL EI ENI!

Ar ôl i'r angylion sôn am Iesu, mae'n cael ei eni ym Methlehem! **Darllena Luc 2:1–7.**

¹ Tua'r un adeg dyma Cesar Awgwstws yn gorchymyn cynnal cyfrifiad drwy'r Ymerodraeth Rufeinig i gyd. ² (Hwn oedd y cyfrifiad cyntaf, gafodd ei gynnal cyn bod Cwiriniws yn llywodraethwr Syria.) ³ Roedd pawb yn mynd adre i'r trefi lle cawson nhw eu geni, i gofrestru ar gyfer y cyfrifiad. ⁴ Felly gan fod Joseff yn perthyn i deulu'r Brenin Dafydd, gadawodd Nasareth yn Galilea, a mynd i gofrestru yn Jwdea – yn Bethlehem, hynny ydy tref Dafydd. ⁵ Aeth yno gyda Mair oedd yn mynd i fod yn wraig iddo, ac a oedd erbyn hynny'n disgwyl babi. ⁶ Tra oedden nhw yno daeth yn amser i'r babi gael ei eni, ⁷ a dyna lle cafodd ei phlentyn cyntaf ei eni – bachgen bach. Dyma hi'n lapio cadachau geni yn ofalus amdano, a'i osod i orwedd mewn cafn ar gyfer bwydo anifeiliaid. Doedd dim llety iddyn nhw aros ynddo.

Weli di bum gwahaniaeth rhwng y ddau lun?

ALLAN YN Y WLAD — CWEST 11

Yn y cyfamser, allan yn y wlad y tu allan i Fethlehem, roedd bugeiliaid yn gofalu am eu defaid yn y nos… **Darllena Luc 2:8–21.**

8 Yn ardal Bethlehem roedd bugeiliaid allan drwy'r nos yn yr awyr agored yn gofalu am eu defaid. 9 Yn sydyn dyma nhw'n gweld un o angylion yr Arglwydd, ac roedd ysblander yr Arglwydd fel golau llachar o'u cwmpas nhw. Roedden nhw wedi dychryn am eu bywydau. 10 Ond dyma'r angel yn dweud wrthyn nhw, "Peidiwch bod ofn. Mae gen i newyddion da i chi! Newyddion fydd yn gwneud pobl ym mhobman yn llawen iawn. 11 Mae eich Achubwr wedi cael ei eni heddiw, yn Bethlehem (tref y Brenin Dafydd). Ie, y Meseia! Yr Arglwydd! 12 Dyma sut byddwch chi'n ei nabod e: Dewch o hyd iddo yn fabi bach wedi'i lapio mewn cadachau ac yn gorwedd mewn cafn bwydo anifeiliaid."

13 Yn sydyn dyma filoedd o angylion eraill yn dod i'r golwg, roedd fel petai holl angylion y nefoedd yno yn addoli Duw!

> 14 "Gogoniant i Dduw yn y nefoedd uchaf,
> heddwch ar y ddaear islaw,
> a bendith Duw ar bobl."

15 Pan aeth yr angylion i ffwrdd yn ôl i'r nefoedd, dyma'r bugeiliaid yn dweud wrth ei gilydd, "Dewch! Gadewch i ni fynd i Bethlehem, i weld beth mae'r Arglwydd wedi'i ddweud wrthon ni sydd wedi digwydd."

16 Felly i ffwrdd â nhw, a dyma nhw'n dod o hyd i Mair a Joseff a'r babi bach yn gorwedd mewn cafn bwydo anifeiliaid. 17 Ar ôl ei weld, dyma'r bugeiliaid yn mynd ati i ddweud wrth bawb beth oedd wedi digwydd, a beth ddwedodd yr angel wrthyn nhw am y plentyn yma. 18 Roedd pawb glywodd am y peth yn rhyfeddu at yr hyn roedd y bugeiliaid yn ei ddweud. 19 Ond roedd Mair yn cofio pob manylyn ac yn meddwl yn aml am y cwbl oedd wedi cael ei ddweud am ei phlentyn. 20 Aeth y bugeiliaid yn ôl i'w gwaith gan ganmol a moli Duw am bopeth roedden nhw wedi'i weld a'i glywed. Roedd y cwbl yn union fel roedd yr angel wedi dweud.

21 Pan oedd y plentyn yn wythnos oed cafodd ei enwaedu, a'i alw yn Iesu. Dyna oedd yr enw roddodd yr angel iddo hyd yn oed cyn iddo gael ei genhedlu yng nghroth Mair.

CWEST 11

IESU'N CAEL EI ENI! BETH MAE HYNNY'N EI OLYGU?

Dywedodd yr angel fod Iesu'n Achubwr neu'n Waredwr! Beth mae hynny'n ei olygu i ti? **Meddylia amdano ac yna cynllunia boster yn dweud wrth bobl bod Iesu wedi cael ei eni.**

CWEST II

FY NHRYSOR I

Beth rwyt ti wedi'i ddysgu nad oeddet ti'n ei wybod o'r blaen?

Ydi'r stori wedi dy atgoffa o rywbeth roeddet ti'n ei wybod o'r blaen?

Pa ran o'r stori fyddet ti'n hoffi meddwl mwy amdani?

Beth yw dy hoff ran di o'r stori?

> *Diolch, Dduw, am Iesu! Helpa ni i ddod i'w nabod yn well yn* CASGLU'R TRYSOR.

CWEST 11

Duw yn creu'r byd

Pobl yn mynd eu ffordd eu hunain

Duw yn helpu ei bobl

Duw'n anfon ei negeswyr

CYNLLUN DUW I ACHUB EI BOBL!

Alli di osod holl ddigwyddiadau ARWYR ANCORA: CASGLU'R TRYSOR ar y llinell amser hon? Mae rhai rhannau wedi'u gosod yn barod.

Tynna lun ohonot ti dy hunan yn y ffrâm lle mae'n dweud "FI!"

CWEST III
SUT WYT TI'N SGWRSIO?

Edrych ar y chwe llun isod. Wyt ti'n gwybod beth ydyn nhw?

Beth sydd gan yr holl bethau hyn yn gyffredin?

Sut wyt ti'n cysylltu â phobl?

Ysgrifenna neu dynnu llun dy hoff ffyrdd yma:

Dwi'n hoffi iodlo! Does neb yn fy neall i ond mae'n hwyl. Iodeeeel-îîîî-aaaaiiii-ooooo!

CWEST III

SUT I SGWRSIO GYDA DUW

Darllena'r rhan hon o'r Beibl, Luc 11:1–4. Tynna swigen o gwmpas y pethau rwyt ti'n eu deall a llinell igam ogam o gwmpas y pethau nad wyt ti'n eu deall.

Wyt ti wedi sgwrsio gyda Duw erioed? Sut wnest ti hynny?

¹ Un diwrnod roedd Iesu'n gweddïo mewn lle arbennig. Pan oedd wedi gorffen, dyma un o'i ddisgyblion yn gofyn iddo, "Arglwydd, dysgodd Ioan ei ddisgyblion i weddïo, felly dysga di ni."

² Dwedodd wrthyn nhw, "Wrth weddïo dwedwch fel hyn:

'Dad, dŷn ni eisiau i dy enw di gael ei anrhydeddu.

Dŷn ni eisiau i ti ddod i deyrnasu.

³ Rho i ni ddigon o fwyd i'n cadw ni'n fyw bob dydd.

⁴ Maddau ein pechodau i ni –

achos dŷn ni'n maddau i'r rhai sy'n pechu yn ein herbyn ni.

Cadw ni rhag syrthio pan fyddwn ni'n cael ein profi.'"

CWEST III

DYSGU GWEDDÏO FEL IESU

Gofynnodd ffrindiau Iesu iddo ddysgu iddyn nhw siarad â Duw. Edrych eto ar beth ddywedodd Iesu. Sgwrsia â'r Arwyr eraill am bob llinell i weld beth yw eu barn nhw. **Yna galli ysgrifennu neu dynnu llun beth y mae hynny'n ei olygu i ti.**

"Dad, dŷn ni eisiau i dy enw di gael ei anrhydeddu."

"Dŷn ni eisiau i ti ddod i deyrnasu."

"Rho i ni ddigon o fwyd i'n cadw ni'n fyw bob dydd."

CWEST III

 "Maddau ein pechodau i ni…"

 "…achos dŷn ni'n maddau i'r rhai sy'n pechu yn ein herbyn ni."

 "Cadw ni rhag syrthio pan fyddwn ni'n cael ein profi."

CWEST III

SUT ALLWN NI FYW YN FFORDD DUW?

Mae'r ffordd y mae Iesu'n dysgu i'w ffrindiau siarad â Duw yn dangos beth sy'n bwysig iddo ef: anrhydeddu neu barchu Duw, gofyn iddo fod yn Frenin yn ein bywydau ac yn y byd, ei drystio a dweud sori.

Sut alli di ddilyn ffordd Duw yn dy fywyd di?

Ysgrifenna dy syniadau ym mhen draw bob llinell.

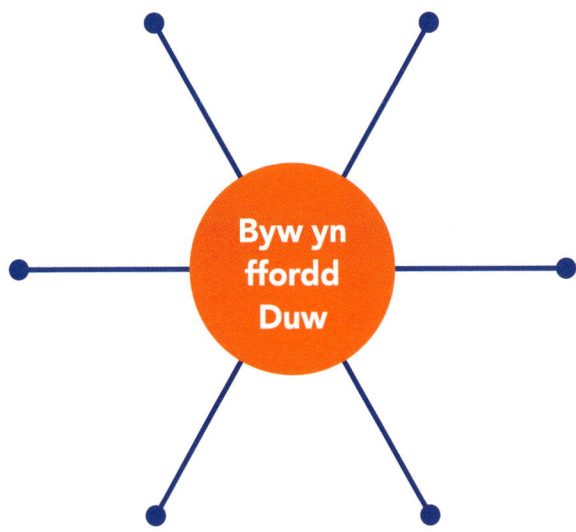

Alli di roi'r digwyddiad hwn – Iesu'n dysgu ei ffrindiau – ar y llinell amser ar dudalennau 20 a 21?

CWEST III

FY NHRYSOR I

Beth rwyt ti wedi'i ddysgu nad oeddet ti'n ei wybod o'r blaen?

Ydi'r stori wedi dy atgoffa o rywbeth roeddet ti'n ei wybod o'r blaen?

Pa ran o'r stori fyddet ti'n hoffi meddwl mwy amdani?

Beth yw dy hoff ran di o'r stori?

> *Diolch, Dduw, ein bod ni'n gallu siarad â ti a dy fod ti'n gallu siarad â ni!*

CWEST IV
IESU'N CAEL EI ARESTIO!

Roedd llawer o bobl yn hoffi Iesu'n fawr ond roedd llawer yn ei gasáu ac yn genfigennus ohono. Fe drefnon nhw i Iesu gael ei arestio a'i farnu gan y llywodraethwr Rhufeinig.
Darllena Luc 23:13–25.

¹³ Dyma Peilat yn galw'r prif offeiriaid a'r arweinwyr eraill, a'r bobl at ei gilydd, ¹⁴ a chyhoeddi ei ddedfryd: "Daethoch â'r dyn yma i sefyll ei brawf ar y cyhuddiad o fod yn arwain gwrthryfel. Dw i wedi'i groesholi o'ch blaen chi i gyd, a dw i'n ei gael yn ddieuog o'r holl gyhuddiadau. ¹⁵ Ac mae'n amlwg fod Herod wedi dod i'r un casgliad gan ei fod wedi'i anfon yn ôl yma. Dydy e ddim wedi gwneud unrhyw beth i haeddu marw. ¹⁶⁻¹⁷ Felly dysga i wers iddo â'r chwip ac yna ei ollwng yn rhydd."

¹⁸ Dyma nhw i gyd yn gweiddi gyda'i gilydd, "Lladda fe! Gollwng Barabbas yn rhydd!" ¹⁹ (Roedd Barabbas yn y carchar am godi terfysg yn Jerwsalem ac am lofruddiaeth.)

²⁰ Dyma Peilat yn eu hannerch nhw eto. Roedd e eisiau gollwng Iesu yn rhydd. ²¹ Ond roedden nhw wedi dechrau gweiddi drosodd a throsodd, "Croeshoelia fe! Croeshoelia fe!"

²² Gofynnodd iddyn nhw'r drydedd waith, "Pam? Beth mae wedi'i wneud o'i le? Dydy'r dyn ddim yn euog o unrhyw drosedd sy'n haeddu dedfryd marwolaeth! Felly dysga i wers iddo â'r chwip ac yna ei ollwng yn rhydd."

²³ Ond roedd y dyrfa'n gweiddi'n uwch ac yn uwch, ac yn mynnu fod rhaid i Iesu gael ei groeshoelio, ac yn y diwedd cawson nhw eu ffordd. ²⁴ Dyma Peilat yn penderfynu rhoi beth roedden nhw eisiau iddyn nhw. ²⁵ Rhyddhaodd Barabbas, y dyn oedd yn y carchar am derfysg a llofruddiaeth, a dedfrydu Iesu i farwolaeth fel roedden nhw eisiau iddo wneud.

Dewisa un gair sy'n disgrifio'r ffordd rwyt ti'n teimlo

am y stori hon a'i ysgrifennu yma ....

CWEST IV

Y FFORDD I'R GROES

Er nad oedd Iesu wedi gwneud dim o'i le, gadawodd y llywodraethwr Rhufeinig i Iesu gael ei ddedfrydu i farwolaeth!
Darllena Luc 23:26–43.

26 Wrth iddyn nhw arwain Iesu i ffwrdd roedd Simon o Cyrene ar ei ffordd i mewn i'r ddinas, a dyma nhw'n ei orfodi i gario croes Iesu. 27 Roedd tyrfa fawr o bobl yn ei ddilyn, gan gynnwys nifer o wragedd yn galaru ac wylofain. 28 Ond dyma Iesu'n troi ac yn dweud wrthyn nhw, "Ferched Jerwsalem, peidiwch crio drosto i; criwch drosoch eich hunain a'ch plant. 29 Mae'r amser yn dod pan fyddwch yn dweud, 'Mae'r gwragedd hynny sydd heb blant wedi'u bendithio'n fawr! – y rhai sydd erioed wedi cario plentyn yn y groth na bwydo plentyn ar y fron!' 30 A 'byddan nhw'n dweud wrth y mynyddoedd,

"Syrthiwch arnon ni!"
ac wrth y bryniau,
"Cuddiwch ni!"'

31 Os ydy hyn yn cael ei wneud i'r goeden sy'n llawn dail, beth fydd yn digwydd i'r un sydd wedi marw?"

32 Roedd dau ddyn arall oedd yn droseddwyr yn cael eu harwain allan i gael eu dienyddio gyda Iesu. 33 Felly ar ôl iddyn nhw gyrraedd y lle sy'n cael ei alw 'Y Benglog', dyma nhw'n hoelio Iesu ar groes, a'r ddau droseddwr arall un bob ochr iddo. 34 Ond yr hyn ddwedodd Iesu oedd, "Dad, maddau iddyn nhw. Dŷn nhw ddim yn gwybod beth maen nhw'n ei wneud." A dyma'r milwyr yn gamblo i weld pwy fyddai'n cael ei ddillad.

35 Roedd y bobl yno'n gwylio'r cwbl, a'r arweinwyr yn chwerthin ar ei ben a'i wawdio. "Roedd e'n achub pobl eraill," medden nhw, "felly gadewch iddo'i achub ei hun, os mai fe ydy'r Meseia mae Duw wedi'i ddewis!"

36 Roedd y milwyr hefyd yn gwneud sbort am ei ben. Roedden nhw'n cynnig gwin sur rhad iddo 37 ac yn dweud, "Achub dy hun os mai ti ydy Brenin yr Iddewon!" 38 Achos roedd arwydd uwch ei ben yn dweud: DYMA FRENIN YR IDDEWON.

39 Yna dyma un o'r troseddwyr oedd yn hongian yno yn dechrau'i regi: "Onid ti ydy'r Meseia? Achub dy hun, a ninnau hefyd!"

40 Ond dyma'r troseddwr arall yn ei geryddu. "Does arnat ti ddim ofn Duw a thithau ar fin marw hefyd? 41 Dŷn ni'n haeddu cael ein cosbi am yr hyn wnaethon ni. Ond wnaeth hwn ddim byd o'i le."

42 Yna meddai, "Iesu, cofia amdana i pan fyddi di'n teyrnasu."

43 Dyma Iesu'n ateb, "Wir i ti – cei di ddod gyda mi i baradwys heddiw."

CWEST IV

IESU'N MARW

Rhoddwyd Iesu ar y groes ac, yn fuan wedyn, bu farw.
Darllena Luc 23:44–49.

⁴⁴ Roedd hi tua chanol dydd erbyn hyn, ac aeth yn hollol dywyll drwy'r wlad i gyd hyd dri o'r gloch y p'nawn. ⁴⁵Roedd fel petai golau'r haul wedi diffodd! Dyna pryd wnaeth y llen hir oedd yn hongian yn y deml rwygo yn ei hanner. ⁴⁶ A dyma Iesu'n gweiddi'n uchel, "Dad, dw i'n rhoi fy ysbryd yn dy ddwylo di," ac ar ôl dweud hynny stopiodd anadlu a marw. ⁴⁷ Pan welodd y capten milwrol oedd yno beth ddigwyddodd, dechreuodd foli Duw a dweud, "Roedd y dyn yma'n siŵr o fod yn ddieuog!" ⁴⁸ A phan welodd y dyrfa oedd yno beth ddigwyddodd, dyma nhw'n troi am adre'n galaru. ⁴⁹Ond arhosodd ei ffrindiau agos i wylio o bell beth oedd yn digwydd – gan gynnwys y gwragedd oedd wedi'i ddilyn o Galilea.

Edrych ar y llun – sut mae'n gwneud i ti deimlo?

CWEST IV

IESU'N CAEL EI GLADDU

Ychydig ar ôl i Iesu farw, tynnodd rhai o'i ffrindiau ei gorff oddi ar y groes a'i roi mewn bedd. **Darllena Luc 23:50–56.**

[50] Roedd yna ddyn o'r enw Joseff oedd yn dod o dref Arimathea yn Jwdea. Roedd yn ddyn da a gonest, ac yn aelod o'r Sanhedrin Iddewig, [51] ond doedd e ddim wedi cytuno â'r penderfyniad wnaeth yr arweinwyr eraill. Roedd Joseff yn ddyn oedd yn disgwyl i Dduw ddod i deyrnasu. [52] Aeth i ofyn i Peilat am ganiatâd i gymryd corff Iesu. [53] Tynnodd y corff i lawr a'i lapio gyda lliain ac yna ei roi i orwedd mewn bedd newydd oedd wedi'i naddu yn y graig – doedd neb erioed wedi'i gladdu yno o'r blaen. [54] Roedd hi'n hwyr bnawn dydd Gwener a'r Saboth ar fin dechrau.

[55] Roedd y gwragedd o Galilea oedd gyda Iesu wedi dilyn Joseff, ac wedi gweld y bedd lle cafodd y corff ei osod. [56] Ar ôl mynd adre i baratoi cymysgedd o berlysiau a pheraroglau i eneinio'r corff, dyma nhw'n gorffwys dros y Saboth, fel mae Cyfraith Moses yn ei ddweud.

Tynna lun o beth sy'n digwydd.

CWEST IV

TRIST

BETH SY'N DIGWYDD?

Dydi digwyddiadau stori heddiw ddim i'w gweld yn deg. Wnaeth Iesu ddim byd o'i le ond bu farw am nad oedd pobl yn ei hoffi. Pa eiriau alli di eu defnyddio i ddisgrifio hyn?

Rho gylch o gwmpas y rhai rwyt ti'n meddwl sy'n gywir.

DRWG   Cynllun Duw   ANNHEG   Iawn   Dw i ddim yn deall

Sgwrsia â'r Arwyr eraill i weld pa eiriau wnaethon nhw eu dewis.

Alli di roi'r digwyddiad hwn – 'Iesu'n marw ar y groes' – ar y llinell amser sy'n dangos cynllun Duw ar dudalennau 20 a 21?

Tybed beth sydd wedi digwydd i gynllun Duw? Cafodd Iesu ei eni i achub ei bobl ond nawr mae wedi marw. Ydi'r cynllun wedi methu?

Gofynna i dy Ben Arwr beth y mae marwolaeth Iesu yn ei olygu iddo fe/iddi hi.

Hoffet ti wybod rhagor? Tro i dudalen 43!

CWEST IV

FY NHRYSOR I

Beth rwyt ti wedi'i ddysgu nad oeddet ti'n ei wybod o'r blaen?

Ydi'r stori wedi dy atgoffa o rywbeth roeddet ti'n ei wybod o'r blaen?

Pa ran o'r stori fyddet ti'n hoffi meddwl mwy amdani?

Beth yw dy hoff ran di o'r stori?

Diolch, Dduw, am anfon Iesu i'n hachub.

CWEST V
Y STORI HYD YMA!

Defnyddia'r chwilair hwn i gofio beth ddigwyddodd yng Nghwestau I, II, III a IV!

M	F	B	I	N	G	W	E	DD	I
A	L	E	H	A	I	C	S	H	P
I	F	O	R	R	I	N	E	S	U
R	L	I	A	G	U	B	E	I	R
A	D	A	J	L	H	Y	I	R	N
S	A	NG	O	W	R	T	A	U	B
E	I	E	S	Y	Y	CH	LL	R	E
O	R	L	E	DD	U	N	O	W	P
R	A	N	FF	B	Y	E	R	C	H
C	C	S	G	C	M	A	DD	A	U

Mair
Joseff
Angel
Bugail
Brenin
Cynllun
Achub
Cariad
Gweddi
Maddau
Croes
Arglwydd

36

CWEST V

DIWEDD RHYFEDDOL!

Aeth Mair Magdalen yn ôl at fedd Iesu ond doedd hi ddim yn disgwyl yr hyn a welodd hi! **Darllena Ioan 20:1–10.**

[1] Yn gynnar iawn ar y bore Sul, a hithau'n dal yn dywyll, dyma Mair Magdalen yn mynd at y bedd a darganfod fod y garreg fawr oedd ar geg y bedd wedi'i symud. [2] Felly dyma hi'n rhedeg at Simon Pedr a'r disgybl arall (yr un oedd Iesu'n ei garu), a dweud wrthyn nhw, "Maen nhw wedi cymryd yr Arglwydd allan o'r bedd, a dŷn ni ddim yn gwybod ble maen nhw wedi'i roi e!"

[3] Felly dyma Pedr a'r disgybl arall yn mynd allan i fynd at y bedd. [4] Rhedodd y ddau gyda'i gilydd, ond dyma'r disgybl arall yn rhedeg yn gynt na Pedr a chyrraedd yno o'i flaen. [5] Plygodd i edrych i mewn i'r bedd, a gweld y stribedi o liain yn gorwedd yno, ond aeth e ddim i mewn. [6] Yna dyma Simon Pedr yn cyrraedd ar ei ôl ac yn mynd yn syth i mewn i'r bedd. Gwelodd yntau'r stribedi o liain yn gorwedd yno. [7] Gwelodd hefyd y cadach oedd wedi bod am wyneb Iesu, ond roedd hwnnw wedi'i blygu a'i osod o'r neilltu ar wahân i'r stribedi lliain. [8] Yna, yn y diwedd, dyma'r disgybl arall (oedd wedi cyrraedd y bedd gyntaf) yn mynd i mewn hefyd. Pan welodd e'r cwbl, credodd. [9] (Doedden nhw ddim eto wedi deall fod yr ysgrifau sanctaidd yn dweud fod rhaid i Iesu ddod yn ôl yn fyw.) [10] Aeth y disgyblion yn ôl adre,…

> *Dwi bob amser yn anghofio lle dwi'n rhoi pethau – does dim byd byth yn y man dwi'n disgwyl ei weld!*

CWEST V

MAE RHYWBETH O'I LE...

Alli di ddod o hyd i **wyth** o bethau na ddylai fod yn y llun?

CWEST V

... RHYWBETH MAWR ☦'I LE!

Roedd Mair Magdalen yn teimlo'n ddryslyd. Aeth at y bedd ond roedd y garreg oedd yn cau'r bedd wedi symud a'r bedd yn wag! Roedd wedi gweld Iesu'n marw ar y groes ac wedi gweld ei gorff yn cael ei roi yn y bedd. Beth allai fod wedi digwydd?

Dychmyga mai ti yw Mair Mary Magdalen. Sut byddet ti'n teimlo? Beth fyddai'n mynd trwy dy feddwl di? **Darllena Ioan 20:11–18.**

[11] ond safodd Mair wrth ymyl y bedd yn crio. Plygodd i lawr i edrych i mewn i'r bedd [12] a gweld dau angel mewn dillad gwyn yn eistedd lle roedd corff Iesu wedi cael ei roi i orwedd – un wrth y pen a'r llall wrth y traed.

[13] Dyma nhw'n gofyn i Mair, "Wraig annwyl, pam wyt ti'n crio?"

"Maen nhw wedi cymryd fy Arglwydd i ffwrdd," atebodd, "a dw i ddim yn gwybod ble maen nhw wedi mynd ag e" [14] Dyna pryd y trodd hi rownd a gweld rhywun yn sefyll yno. Iesu oedd yno, ond doedd hi ddim yn sylweddoli mai Iesu oedd e. [15] "Wraig annwyl," meddai Iesu wrthi, "pam wyt ti'n crio? Am bwy rwyt ti'n chwilio?"

Roedd hi'n meddwl mai'r garddwr oedd e, a dwedodd, "Syr, os mai ti sydd wedi'i symud, dywed lle rwyt ti wedi'i roi e, a bydda i'n mynd i'w nôl e."

[16] Yna dyma Iesu'n dweud, "Mair."

Trodd ato, ac meddai yn Hebraeg, "Rabbwni!" (sy'n golygu 'Athro').

[17] Dyma Iesu'n dweud wrthi, "Paid dal gafael ynof fi. Dw i ddim yn mynd i fyny at y Tad eto. Dos at fy mrodyr i a dweud wrthyn nhw, 'Dw i'n mynd at fy Nhad a'm Duw, eich Tad a'ch Duw chi hefyd.'"

[18] Yna aeth Mair Magdalen at y disgyblion a dweud: "Dw i wedi gweld yr Arglwydd!" A dwedodd wrthyn nhw beth oedd e wedi'i ddweud wrthi.

Beth oedd yn mynd trwy feddwl Mair yn awr? Roedd newydd weld Iesu'n fyw!

CWEST V

BETH SYDD WEDI DIGWYDD?

Beth yw dy farn di am beth sydd wedi digwydd? Meddylia am y peth am funud. Efallai y gallet ti drafod y peth gyda'r Arwyr eraill.

Nawr, llanwa'r lle gwag â phopeth rwyt wedi'i ddarganfod am Iesu!

Beth wyt ti'n ei feddwl am hyn i gyd? Pwy yw Iesu?

Alli di roi hyn ar y llinell amser ar dudalennau 20 a 21?

CWEST V

HOLI'R UWCH ARWYR A'R PEN ARWYR

Efallai bod rhai o'r Uwch Arwyr a'r Pen Arwyr wedi bod yn sôn am yr hyn y mae Iesu'r Achubwr yn ei olygu iddyn nhw, ond beth am y lleill?

Cer i chwilio am rai o'r Uwch Arwyr a'r Pen Arwyr eraill a gofyn eu barn nhw am Iesu ac am gynllun Duw. Galli di ysgrifennu yma beth maen nhw'n ei ddweud!

CWEST V

FY NHRYSOR I

Beth rwyt ti wedi'i ddysgu nad oeddet ti'n ei wybod o'r blaen?

Ydi'r stori wedi dy atgoffa o rywbeth roeddet ti'n ei wybod o'r blaen?

Pa ran o'r stori fyddet ti'n hoffi meddwl mwy amdani?

Beth yw dy hoff ran di o'r stori?

> *Diolch, Iesu, am ddod yn fyw eto fel y gallwn ni fod yn ffrindiau â Duw.*

ADNOD I'W DYSGU A'I CHOFIO

Defnyddia dy sgiliau fel Arwr i chwilio am yr Adnod i'w *Dysgu a'i Chofio*.

```
__ __ __,  __ __ __ __ __ __
28  5  28   16  1  7  5 26 27

__ e __ __  __ __ __ ' __
27  5  13    3  1 21 26  21

__ __ d __ __ __ __ __ __
 2 28    3 28 16  1 13 17 24

__ __ __  __ __ __ __ __ i
17  7 23  13  6 18 21 18

__ __ __ __ __ __ __ __ __,
 7 13 26 17 13 10  8  1  2

__ __ __ w __ __ __
 7 21 16   28 17 13

__ __ __ b __ __ __ __
 2 27 28    28 17 17  1 10

__ __ 'n __ __ __ __ __
23 28    3 21  7  5 26

__ __ __ __ __ __ __ __ __
28 17  6 18  2  7 13  5 13 18

__ __ __ __ __
16 28 17  5 13

__ __ __ __ __ __ __ __ __
 6 13 23 24 21 28 27 18 17  5

__ __ __ b __ __ d
 3  1  7 14  28 27 28

t __ __ __ __ __ __ __.
  21  1 10 27 28  6 18 14
```

Ioan 3:16 (Beibl.net)

CRACIO'R CÔD

A	B	C	Ch	D	Dd	E	F	Ff	G	Ng	H	I	L
1	2	3	4	5	6	7	8	9	10	11	12	13	14

Ll	M	N	O	P	Ph	R	Rh	S	T	Th	U	W	Y
15	16	17	18	19	20	21	22	23	24	25	26	27	28

TI A IESU

Chwilio am y trysor gorau erioed – a dod o hyd iddo!

Nawr dy fod wedi dysgu llawer am Iesu ac am gynllun Duw, a dy fod yn gallu dod i'w nabod drosot dy hunan, beth wyt ti'n feddwl?

Rho gylch o gwmpas yr un agosaf at dy sefyllfa di.

Dw i'n credu bod gen i ddiddordeb, ond ddim eto.

Dw i'n ceisio ymddiried yn Nuw ond mae angen tipyn o help arna i.

DW I'N DILYN IESU'N BAROD!

Byddwn i wrth fy modd yn ymddiried yn Nuw ac yn byw yn ei ffordd ef.

Does gen i ddim llawer o ddiddordeb, diolch.

Efallai yr hoffet ti fynd am sgwrs at un o'r Pen Arwyr i drafod y frawddeg rwyt ti wedi rhoi cylch o'i chwmpas – maen nhw bob amser yn barod i helpu.

MAE'R TRYSOR YNO AR DY GYFER DI!

Pan ddywedodd yr angel wrth Joseff mai oddi wrth Dduw y byddai mab Mair yn dod, dywedodd 'Rwyt i roi'r enw Iesu iddo, am mai fe fydd yn achub ei bobl o'u pechodau'. Dyna beth yw stori fawr y Beibl: stori am Dduw yn caru ei bobl ac yn dymuno bod yn ffrindiau gyda nhw unwaith eto. Roedd gan Iesu ran ganolog yng nghynllun Duw i'n hachub ni!

Mae miliynau o bobl o bedwar ban byd yn rhan o'r cynllun hwn ac yn ffrindiau gyda Duw. Mae Duw yn anfon ei Ysbryd Glân grymus i'w helpu. Wyt ti'n un ohonyn nhw?

Os wyt ti eisiau bod yn ffrind i Iesu, y cyfan sydd angen ei wneud yw dweud wrtho! Os nad wyt ti'n siŵr beth i'w ddweud, gallet ti ddweud y weddi hon.

> Arglwydd Iesu, dw i eisiau bod yn ffrind i ti.
>
> Diolch i ti am ddod i'r byd i ddangos i ni sut un yw Duw.
>
> Diolch i ti am farw ar y groes.
>
> Mae'n ddrwg gen i am y pethau drwg yr ydw i wedi'u dweud, eu gwneud a'u meddwl.
>
> Maddau i mi a gad i mi fod yn ffrind i ti.
>
> Anfon yr Ysbryd Glân i fy helpu i fod yn fwy tebyg i ti.
>
> Amen

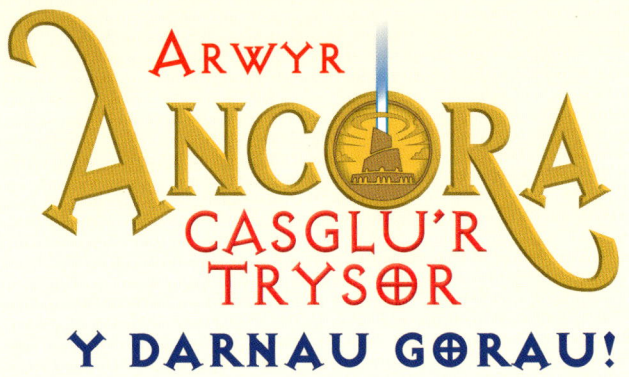

Y DARNAU GORAU!

Y darn **mwyaf digri**:

Y darn **mwyaf gwirion**:

Y darn ro'n i eisiau iddo **bara'n hirach**:

Beth **ddysgais i am Iesu**:

Beth fyddaf i'n ei **gofio fwyaf**:

Beth hoffwn i ei **wneud nesaf**:

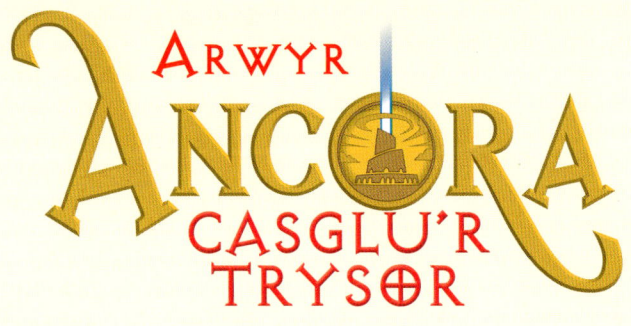

YR URDD

Ar y tudalennau hyn, casgla enwau, negeseuon a dŵdls yr Arwyr oedd gyda ti yn URDD ANCORA ac yn dy Gwmni di. Cofia gynnwys yr Uwch Arwyr a'r Pen Arwyr hefyd!

Bydd yn Arwr yn myd Ancora

Cyfle i **lawrlwytho** a **chwarae** Arwyr Ancora **am ddim** o

arwyrancora.com

Gêm newydd AM DDIM